Tagebücher aus dem Feldzug 1809 (V)

Joseph Franz Freiherr von Rohrscheidt

Beiträge zur sächsischen Militärgeschichte zwischen 1793 und 1815

Heft 88

Abb. 01   Wappen derer von Rohrscheidt

Tagebücher aus dem Feldzug 1809 (V)

Joseph Franz Freiherr von Rohrscheidt

Bibliographische Information der Deutschen Bibliothek

Die Deutsche Bibliothek verzeichnet diese Publikation in der Deutschen Nationalbibliographie; detaillierte bibliographische Daten sind im Internet über http://dnb.ddb.de abrufbar.

Die Deutsche Bibliothek – CIP – Einheitsaufnahme

Matej Čapo / Jörg Titze (Hrsg.)

Tagebücher aus dem Feldzug 1809 (V)

Joseph Franz Freiherr von Rohrscheidt

ISBN 978-3-7693-1523-3

© 2024 Matej Čapo / Jörg Titze

Verlag: BoD · Books on Demand GmbH, In de Tarpen 42, 22848 Norderstedt

Druck: Libri Plureos GmbH, Friedensallee 273, 22763 Hamburg

1.   Einleitung

Im nachfolgenden wiedergegeben werden die überliefer-
ten Briefe, die Major Joseph Franz Freiherr von Rohrscheidt in den Monaten August und September 1809 aus
Preßburg an den Major George Friedrich Bonniot in
Dresden schrieb. Die Darstellung der Ereignisse beginnt
am 20.06. und endet am 22.09.1809.

Freiherr von Rohrscheidt stand während der Verfassung
der Briefe als Escadrons-Kommandant im Regiment Prinz
Clemens Chevauxlegers[1] und mit diesem Regiment beim
mobilen Korps in Österreich.

Die militärische Karriere des Freiherrn von Rohrscheidt
fand ausschließlich im genannten Regiment statt:

15.06.1788   Sousleutnant
18.09.1794   Premierleutnant
29.08.1806   Capitain
27.06.1809[2]   aggregierter dienstleistender Major
??.??.1810[3]   Pensionierung[4]

---

[1] Regimentsinhaber bis 1796 der Herzog von Kurland, von 1796 bis
1799 der Generalmajor von Dehn-Rothfelder und ab 1799 Prinz
Clemens von Sachsen

[2] Der 27.06.1809 ist Datum der Allerhöchsten Ordre, die diese Be-
förderung der Armee offiziell verkündet (sh. Abb. xx). Das Datum des
Patents wird hiervon höchstwahrscheinlich abweichen.

[3] Das Datum hat sich nicht ermitteln lassen, muss aber zwischen
dem 20.02.1810 (Letzte bekannte Avancementsordre) und Ende
April 1810 (Redaktionsschluss Stamm- und Rangliste 1810) liegen.

[4] S/R-Liste 1810 S.78 Fußnote: *„Abg. u. Vers. … die Majors … Frh.
v.Rohrscheidt … erhielten Pensionen; … „*

Dieses Heft ist in Zusammenarbeit mit Dr. Matej Čapo[5] entstanden. Matej hatte mir seinen für Forschungszwecke ins „neudeutsche übersetzten" Teil des Textes mit der Bitte um Korrekturlesung übersandt, was wiederum zur Basis für dieses Heft wurde.

Dem geneigten Leser wünsche ich eine interessante Lektüre

Eilenburg, im September 2024

Jörg Titze

Francúzsko-rakúska vojna roku 1809 výrazne zasiahla aj do života Prešporka (dnes Bratislava), ktorý bol do roku 1783 hlavným mestom Uhorska a do roku 1830 korunovačným mestom uhorských kráľov. K udalostiam, ktoré sa v roku 1809 v Prešporku a jeho okolí odohrali, je však k dispozícii málo ego-dokumentov. Prezentované listy majora Rohrscheidta sú, okrem iného, cenným materiálom pre ďalší výskum dejín Bratislavy a jej okolia v období napoleonských vojen."

Dr. Matej Čapo

---

[5] promoviert in allgemeiner Geschichte an der Kunstfakultät der Comenius Universität in Bratislava.

《1》

Preßburg am 12ⁿ August 1809

Gestern abend erhielt ich Deinen Brief guter Freyberg! und heute schon beantworte ich ihn, man muß die Ruhe benutzen, fast scheint es als ob sie noch nicht von Dauer seyn würde, denn man spricht hier mehr von Aufkündigung des Waffenstillstandes, als vom Frieden, man setzt alles in schlagfertigen Stand; allein - nach meinem Erachten müßten denn doch noch ernstere Anstalten getroffen werden, wenn man wieder loßschlagen wollte - hernach mehr hierüber; für jezt meinen herzlichen Dank für Deinen Brief, für Dein freundschaftl[iches] Andenken, die Freude die er mir machte kann ich Dir durch Worte nicht beschreiben, denn fürs erste fürchtete ich, daß mein Brief nicht bis zu Dir gelangt seyn möchte, u[nd] glaubte auch nicht daß da noch bis jezt möglich wäre Briefe hierher zu bringen, da wie es hier heißt Leipzig, Zwickau, Schleitz etc noch von der Braunschweig[ischen] Bande besetzt sei, u[nd] war also Dein Brief für mich eine mehr wohltätige Überraschung. Deinem Wunsche gemäß will ich Dir hier eine Beschreibung von allen was seit dem 1ⁿ July vorfiel, nach Möglichkeit, u[nd] nach meinen Ansichten geben, obschon der größte Teil davon in meinem Brief an Helbig enthalten ist, den ich gleich nach unserm Einrücken hier abschickte, u[nd] ihn bat Dir den Inhalt mitzuteilen; sollte er verloren seyn, wie ich das leider von alle den mannichfaltigen Briefen befürchte die ich schrieb, da ich nirgendsher Antwort erhalte, u[nd] nun schon seit den 20ⁿ Juny ohne alle Nachricht aus Sachsen lebe, so bitte ich Dich Helbigen zu Grüßen u[nd] ihm diesen Brief mitzuteilen.

Also bis zum 1ⁿ July dauerte unsere große Ruhe fort, da aber erhielten wir plötzlich Ordre zum Aufbruch, u[nd] marschirten bis Kaiser Ebersdorf 3. St[unden] unterhalb Wien, wurden dort von einem starcken Gewitter=Regen gebadet, und marschirten noch selbigen Abend - unter das Commando des Marschall Bessieres geteilt - nebst Husaren, nach Laxenburg, dem bekannten Kaiserl[ichen] Lustschloß. Hier verlebten wir noch den 2ⁿ u[nd] 3ⁿ recht angenehm u[nd] marschirten den 4ⁿ früh um 1 Uhr auf die große Lobau Insel /: seitdem Napoleon Insel :/ wo wir wieder zum sächs[ischen] Corps stießen, das nebst noch einer zahlreichen Menge franz[ösischer] u[nd] anderer Truppen hier bivouacquirte. Hier bekam nun schon alles eine kriegerische Form; fast ununterbrochen ward kanonirt, u[nd] die Sachsen bekamen dadurch schon Todte u[nd] Blessirte, durch Zufall der Stellung, denn da die ganze Insel mit Holz bewachsen ist, so konnten wir u[nd] die Oesterreicher uns gegenseitig nicht sehen. Es regnete nicht nur den ganzen Tag, sondern auch die Nacht; diese war besonders grausend; der Sturm war so heftig daß man ⟪2⟫ dachte er würde die Bäume umreissen, was auch hier u[nd] da geschehen war, erst regnete grad nieder donnerte, fast die ganze Nacht stark; dazu ward ununterbrochen aus 24.℔. 12.℔. u[nd] großen Mortiren geschossen, Esslingen stand in Feuer u[nd] erleuchtete unsere Insel; dencks Dir die Szene. Endlich besänftigten sich den 5ⁿ früh die Elemente, der Himmel hellte sich auf, u[nd] wir machten uns zum Kampf bereit. Wir warn u[nd] wo Massena u[nd] Davout zuerst über die Donau gegangen kann ich Dir nicht bestimmt sagen; wir aber giengen ohngefähr gegen 8. Uhr auf 7. Schiffsbrücken ohngefähr 1/2 Stunde unterhalb Enzersdorf über die Donau; diese

waren erst seit diesen Morgen 3.Uhr zu schlagen ange-
fangen u[nd] nun vollendet worden - wahrhaftig ein un-
geheures Werk. Die erste Position der Oestreicher die
sich von Aspern über Esslingen bis über Enzersdorf er-
streckte, welche Orte alle verschanzt, mit Communi-
cat[ions] Linien versehen u[nd] mit großen verpallisadir-
ten Redouten gedeckt waren, in einem ebenen Terrain
wo jeder Schritt rasiert werden konnte, war bereits von
ihnen verlassen, u[nd] ich habe hier sehr wenig Todte
liegen sehn. Diese Linie wovon sich der rechte Flügel an
Hirschstaetten u[nd] Aspern lehnte, Esslingen u[nd] Enzersdorf den linken Flügel machte der sich eben so
gleichsam en potence bis Rutzendorf delongirte, welches
ein ganz fortificirtes sehr festes Schloß ist, ward eigentlich ziemlich leicht genommen, das Manoeuvre glich einem Manoeuvre im Exercir Lager, auf unsern linken Flügel u[nd] Mitte wich der Feind ohne großen Widerstand,
nur aufm rechten Flügel ward hartnäckiger Widerstand
entgegengesetzt. Uns links commandirte Massena, dann
der Prinz v[on] Ponte Corvo u[nd] Oudinot; ich weiß nicht
wer noch ausser Davout den rechten Flügel [bildete]. Die
Oestr[eichische] Armee war nach aufgefundenen Pappie-
ren über 200000 M[ann] stark u[nd] hatte über 200 Kanonen, dazu eine - wie mir deucht unüberwind[bare] Position. Wir konnten gewiß auch gleiche Stärke haben, ich
glaube aber daß wir unser Geschütz nicht alles offensiv
brauchen konnten, weil wir die Inseln u[nd] Schiffbrü-
cken decken mußten. Der Marsch des Centrums dirigirte
sich Enzersdorf links lassend im Bogen gegen Raschdorf
gegen Aderklan u[nd] Teutsch Wagram zu; die Besatzung
von Raschdorf kam als unsere Schützen das Dorf stürm-
ten, nach einigen Dechargen heraus, warf die Gewehre

weg u[nd] ergab sich; die ziemlich starcke österr[eichi-sche] Cav[allerie] hielt nie Stich, nahm nie einen Choq an den wir ihr offerirten, wich immer zurück. So war die Ba-taille bei uns in der That sehr amusant. Teutsch Wagram war das Hauptquartier des Erzherzogs Carl u[nd] das Zen-trum der beiden Positionen, etwas links liegt Aderklan; in dieser Gegend kam es zu verschiedenen Cavallarie At-taquen mit der feindl[ichen] Cav[allerie]. Anfäng[lich] waren bloß Blänker engagirt, allein da die Oestr[eichi-sche] Cav[allerie] gegen unsere 80 - 90 Blänker mehr als eine Esc[adron] vorschickte, so wurden sie gedrängt, nun rückte das Reg[imen]t - zieml[lich] unordentl[ich] vor, u[nd] den Wirrwarr von Blänkern zwischen uns u[nd] der Oestr[eichischen] Cav[allerie] behaltend, blieben wir hal-ten, machten rechtsumkehrt u[nd] giengen so, nicht à la debande, aber ziemlich lebhaft ein gut Stück zurück. Wäre hier die weit stärckere Oestr[eichische] Cav[allerie] resolut gewesen, so wären wir sehr schlecht wegge-kommen; allein auch sie zogen sich zurück, u[nd] kamen später mit einer großen Linie wieder vor - daß in dieser Linie die Reg[imenter] Albert Cür[assiers], Gottesheim Cür[assiers] Hohenlohe Drag[oner] Klenau Chev[aux] Leg[ers] u[nd] etwas Ulanen folglich einige 30. starke Esc[adrons] waren, weiß ich ⦅3⦆ gewiß, von diesen allen habe ich Leute gesehen, wahrscheinl[lich] waren rechts von uns noch mehrere, denn die Reg[imenter] Husaren, Garde du Corps, Johann, Cür[assier] Garde u[nd] Carabin[iers] chargirten späterhin mit andern; immer ward die Oestr[eichische] Cav[allerie] geworfen; Wir Of-fic[iers] waren über den Rückzug unserer Leute äusserst aufgebracht, machten ihnen die größten Vorwürfe, u[nd] nun begann, ohngefähr gleichzeitig mit Cür[assier] Garde u[nd] Carabin[iers] eine - zweite Attaque des Regiments. Diese Attaque ging in wildem Ungestüm gewiß $1/2$ Stunde weit in gestreckten Trab u[nd] Galop vorwärts /: NB. unsere Pferde hatten schon den 4^n u[nd] heute fast gar nichts gefressen, wenige gesoffen, u[nd] die Hitze war sehr groß, übrigens waren wir schon seit 3 Wochen auf Gras reduziert :/ immer wich die Oestr[eichische] Cav[allerie] in zieml[icher] Entfernung vor uns, der Abstand von unsrer attaquirenden teutschen Cav[allerie] u[nd] unsern Truppen natürl[ich] immer größer, mir die Esc[adron] von Albert folgte u[nd] deckte unsere linke Flanque; stürmend ging das Reg[iment] durch und um Aderklan u[nd] hinter diesem Dorfe ward die Oestr[eichische] Cav[allerie] eingeholt, tüchtig zusammengehauen u[nd] über 40 M[ann] gefangen genommen. Wie das, diese Pferde aushalten konnten, bleibt mir wunderbar; die Rage der Leute musste sich auch den Pferden mitgeteilt haben.

Nachdem wir u[nd] auch die Oestr[eicher] uns wieder formirt hatten, leztere aber immer in großen Abstand blieben u[nd] nun einige Blänker vorschickten, wurden wir von einer oestr[eichischen] Batterie beschossen, jedoch ohne Effect, u[nd] zogen uns nun im Dämmerlicht werden gegen Teutsch Wagram, welches verschiedentl[ich] mit großer Bravour von den Sachsen gestürmt genommen worden, aber auch wieder verlassen war, teils weil sie zu schwach waren, teils wegen der Hitze da das ganze Dorf in Flammen stand, teils weil aus Mißverständnis u[nd] im Finstern eine unserer Brigaden auf unsere eigenen Leute schoß; hier dauerte dass mörderische Gefecht bis nach 11 Uhr des Nachts; das ganze sächs[ische] Corps bivaucquirte dicht von T[eutsch] Wagram, welches eigentl[ich] verlassen war u[nd] nur allmählig wieder von den Oestr[eichern] besetzt war. Hätte dies behauptet werden können, dann wäre wohl die Schlacht schon diesen Tag entschieden gewesen. Links muß sich der Oestr[eichische] rechte Flügel wahrscheinl[ich] bis gegen Leopoldsau ausgedehnt haben, wenigstens erhielten wir von daher Kanonenschüsse. Rechts war das Gefecht unter Davout, Macdonald (glaube ich) sehr lebhaft den ganzen Tag, u[nd] der Oestr[eichische] lincke Flügel bis Glinzend[or]f u[nd] Markt Grafen Neusiedel hingedrängt worden. Dort u[nd] in der Mitte hat es die meisten Menschen gekostet.

Bis 3 Uhr früh blieb alles ruhig, da aber zog sich hinter T[eutsch] Wagram u[nd] Aderklan vor eine sehr starke Oestr[eichische] Cav[allerie] Colonne die en front gegen Breitensee zu avancirte. Wir u[nd] Husaren zogen uns gegen unsere übrige Cavallerie die etwas hinter uns stand zurück u[nd] setzten uns, Front in die linke Flanque nehmend en potence. 1. Esc[adron] v[on] Johann ward vorgeschickt, u[nd] 2. als Soutien um die Oestr[eichische] Av[ant] Garde zu attaquiren, die sich anfangs, nicht engagieren mochte, endl[ich] aber attaquiren ließ u[nd] geworfen ward, doch konnte sie wegen der herannahenden Linie nicht weit verfolgt werden. Die 3. Esc[adrons] von Johann wurden wieder herangezogen u[nd] nun kam von Breitensee heran eine starcke Colonne Franz[ösischer] Cavallerie, die jedoch noch weit schwächer als die Oestr[eichische] war; diese forderte die Oestr[eicher] verschiedentl[ich] zum Kampf auf, aber allemal wich diese aus. Indessen mochten diese wohl des Auffahren der Oestr[eichischen] Batterien gewahren daher sie sich bis hinter Breitensee zurückzogen. Bald darauf ohngefähr zwischen 6. [und] 7. Uhr fing nun die Canonade der Oestr[eicher] an; mörderischer, anhaltender, kann man sich keine denken, bis Abends wieder zwischen 6. [und] 7. Uhr hielt sie an. Rechts von uns gab's den harten Kampf um die dort verschanzten Orte Glinzendorf u[nd] Markt Grafen Neusiedel u[nd] auf der Linie zwischen diesen u[nd] Teutsch Wagram stand eine Batterie an der andern von den Oestr[eichern] die uns en front, u[nd] die bei Sussenborn u[nd] Leopoldsau in der Flanque beschossen. Das Groß der sächs[ischen] Cav[allerie] war als Scheibe zu Deckung der Batterien die das Oestr[eichische] Feuer beantworteten /: aber wie es schien wegen schwächren Caliber nicht gehörig ausrichten :/ ⟪4⟫ da zu Halten u[nd] nur auf einen kleinen Raum hin u[nd] her zu dürfen; auch unser Det[achment] hatte mitunter diese Bestimmung, denn zum Gewehrfeuer kam es hier nicht viel; die Contenance unserer Leute war hier außerordentl[ich], denn ich sah zuweilen Leute im Gliede lachen, wenn so eine Kugel ohne Effect über sie weggezogen war. /: Sonderbar daß man fast alle Kugeln sehen konnte aber das half zum Ausweichen wenig, denn wie man sie sah war sie da, Heydte sah die ihn traf auch, u[nd] fiel indem ers sagte todt vom Pferde, er war durch die linke Seite geschossen :/ Kurz nach Mittag rückten die Oestr[eicher] da unsere Linie sich allenthalben obschon in größter Ordnung u[nd] Gelassenheit rückwärts bewegte, mit ihren Batterien auch nach - Napoleon war kurz vorher vor uns vorüber geritten - mit der Ruhe als ritt er spazieren, mit der freundlichsten oder gleichgültigsten Miene /: ihn hier gesehen zu haben ist mir unendl[ich] erinnerl[ich] :/ u[nd] als er das Vorrücken der Oestr[eicher] bemerkte so sagte er ganz gelassen, la bataille est gagnée, ließ die Truppen auf den hinter uns liegenden Höhen setzen, so wie Garde Artillerie 40. Piecen vorrücken, u[nd] mit diesen flanquirte u[nd] demontirte er die Oestr[eicher] in ihre Stellung zurück u[nd] gewann die Bataille, man kann sagen er donnerte alles zusammen. Mir ward als wir uns gegen die obbemeldeten Höhen zurückzogen mein Pferd durch eine Kanonenkugel erschossen; ich ging daher zurück um ein anderes zu holen, dieser Verlust war mit zieml[ich] indifferent, u[nd] ich dachte noch so bei mir: „es ist doch gut daß du die alte nicht geritten hast, die hätte dich mehr gedauert" - als ich plötzl[ich] durch eine ganz dichte hinter mir einschlagende Kanonenkugel die mich über u[nd] über mit Staub bedeckte auch dieser Indifferenz geraubt war; mir war als hätte mich eins in die Knie geschlagen; wenig Schritt weiter pfiff mir wieder eine so nahe am linken Ohr dicht unterm Hut weg vorbey, dass ich den ganzen Tag nichts als immerwehrends Trommeln hörte; diese beiden Pillen hatten mich doch so ziem[ich] decontenacirt; übrigens ging ich wohl noch über ¼ Stunde weit zurück ehe ich schußfrey war, u[nd] bestieg dort ein Dragoner Pferd das man mir nachbrachte, allein auf dieser hungrichen Rosinante die noch obendrein immer stolperte, und nicht allein vorwärts gehen wollte, stand ich, der ich dazu nicht wenig erschöpft war, nicht bereit, mich vor die Esc[adron] zu begeben; ich ritt also nach der Insel zu, wo ich endl[ich] meine Pferde fand, aber auch ganz ermattet hinsank. Bald nach mir kam Klitzing dessen Pferd auch blessirt war, u[nd] überhaupt war dort ein Sammelplatz von blessirten Offic[iers] Soldaten u[nd] Pferden. Wir erfuhren noch Abends dort daß die Bataille gewonnen sey. Nach meiner Abwesenheit ist noch Heydte geblieben, sonst aber nur noch ein paar Pf[erde] vom Reglment, daß sich gegen Abend ge-

gen Leopldsau zu gezogen, dort den Effect von einer die
Retraite deckenden Oestr[eichischen] beschossen worden, welche letztere sich aber über Stammsdorf der auf
der Brünner Straße retirierenden Oestr[eichischen] linken Flügel Colonne angeschloßen hat. Der Verluste des
Reg[iments] in dieser Schlacht war

L[eu]t[nant]	Naundorf		✝ am 5^n
C[api]t[ain]	Heydte		✝ am 6^n
L[eu]t[nant]	Oertzen	⎫	
″	Hardenberg	⎬	blessirt am 5^n
″	Bärenstein	⎭	

6 U[nter]Off[iciere] u[nd] Gem[eine]	
37 Pferde	todt
17 U[nter]Off[iciere] u[nd] Gem[eine]	
Pferde ungewiß	blessirt
6 U[nter]Off[iciere] u[nd] Gem[eine]	
5 - 6 Pferde	vermißt

Vom ganzen Corps aber (nuhr Sachsen)

14 Off[iciere]	576 M[ann]	469 Pf[erde]	todt
104 ″	2185 ″	ungewiß	blessirt
8 ″	1348 ″	″	Vermißte

NB. Von letztern haben sich verschiedene wiedergefun-
den, von den Blessirten aber sind viele verstorben.

《5》 Du wirst in diesem Bericht manches finden was dem
welchen ich Selbigen schrieb, widerspricht, auch andre
Benennung der Dörfer, aber von dem Irrtum u[nd] Unbe-
kanntschaft der Leztren rührt auch viel Irrtum überhaupt
her, u[nd] je länger es dauert, je mehr man andren drü-

ber spricht, desto mehr klärt sich die Sache auf, — so ist z.B. die Stellung die ich in Helbigs Brief den Oestr[eichern] am 6^n gab, durch aus falsch u[nd] zu weit zurück - dieser Bericht aber ist genauer obschon nicht vollkommen, denn dies ist dem in der Linie fechtenden Offic[ier] nicht wirkl[ich] zu erreichen. Auch habe ich dort den Oestr[eichern] zu viel Ehre erwiesen; ihre Artillerie hat vortreffl[ich] geschossen, excl[usive] der Granaten die fast alle crepirten oder äusserst wenig schadeten; ihre Infanterie hat alle Schanzen verlassen ohne daß eine derselben, sowie auch die Dörfer, gestürmt worden. Wer Enzersdorf, Rutzendorf etc. gesehen hat muß verstehen wie die Facti verlassen werden könnten, am Schlechtesten aber hat ihre Cav[allerie] gefochten, die überall geworfen ward. Übrigens erthun sich einen einmal 2. Rätsel; daß 1^{stens} 14 Reg[imenter] Oestr[eichische] Cav[allerie] en Reserve gehalten, u[nd] gar nicht Anteil an der Bataille genommen, da ihnen doch die prächtige unabsehbare Plaine für Cav[allerie] Gefechte so günstig war. 2^{tens} daß der Erzherzog Johann der mit 18 000 M[ann] bei Preßburg steht, den 4^n abends da durch bis über die March vorgeht den 5^n u[nd] 6^n untätig da stehen bleibt u[nd] den 6^n früh mit allen Truppen Preßburg wohlbehalten repassirt ohne einen Schuß gethan zu haben — Hätte dieser nur am 6^n Vormittags sich gegen Enzersdorf vor bewegt u[nd] auf die Schiffbrücke einen Coup de main gewagt, ich weiß nicht wie es um uns gestanden hätte. Wenn mir dies nicht von Oestr[eichischen] Offiziers, denen hiesigen Einwohnern gesagt worden wäre so würde ich es nicht glauben. Die Zahl der Gefangenen u[nd] erbeuteten Kanonen wird am 5 und 6^n wohl nicht so goß gewesen seyn allein diese Position zu erobert zu haben wiegt mehr als Tausende von Gefangenen auf, soviel ist gewiß, Napoleon hätte sie nie verloren - jeder Zoll Erde kann verteidigt werden u[nd] die Oestr[eichern] standen überall gedeckt, eingepackt, wir aber allenthalben bloß. Von Gefangenen die Gutschmidt besonders gemacht hätte weiß ich nichts, wahrscheinlich hat man die 3 bis 400 M[ann] in Ranisdorf von denen ich vorher sagte, um eine Null verstärkt, zum Verfolgen kam unser Corps nicht wie Du aus den Verfolg sehen wirst. So viel ist wahr daß unsere Sachsen brav, sehr brav gefochten u[nd] die größtmögliche Contenance bewiesen haben, der Prinz von Ponte Corvo hat uns dies auch zugestanden u[nd] sein Tagesbefehl - den ich auch an Helbig geschickt habe, bezeugt das wohl hinlängl[ich] - schade daß wir ihn verloren haben! - auch er war nie unter Ball; u[nd] überall ohne Rücksicht auf Gefahr.

Die am 7 oder 8^n stattgehabten Arrieregard[e]-Gefechte bey Ob[er] Rupersd[or]f u[nd] Kollabrunn haben wohl erst in Rücksicht der Gefangenen mehrere Resultate geliefert. Die Oestreicher hatte zu dieser Bataille alle Kräfte zusammengenommen, aber auch wir, denn es waren nicht nur die italienische u[nd] große Armee sondern auch die Dalmatische, Bayern etc. hier, u[nd] es kamen noch am 6^n neue frische Truppen an. — Gesagt muß werden, daß war wohl Napoleons fester Wille! — Menschen sind wohl viel geblieben, allein zu Tausend Todten gehört schon viel, Blessirte machen die größte Zahl aus, viele sehr viele sterben da an Wunden, übrigens leidet die Oestr[eichische] Arrier[egarde] immer nach hinten auch einen großen Abgang durch Desertion, der bei uns derad ist.

《7》 Am 7^n früh fand ich das Reg[iment] bivouacqirend bey Leopoldsau, es brach nachmittags auf u[nd] marschierte bis Kimmerleinsdorf; gegen die March zu gelegen; hier trafen wir auf Spuren des Erzherzog Johanns Corps, denn es war kurz zuvor eine Husaren Patr[ouille] da gewesen die zu seinem Corps gehörte. Wir fanden hier wieder franz[ösische] Verwüstungen, überhaupt waren so weit der Champ de bataille reichte fast alle Dörfer (: gewiß wenigstens 11. :) ganz oder zum Teil abgebrannt. Unser Hauptquartier war in Enzersdorf; ich hatte bey den Marsch hierher, der längst der 1^n Position der Oestr[eichern] hinging u[nd] Hirschstetten, Aspern, Esslingen etc. begriff, Gelegenheit die Stärke derselben zu besehen.

Den 8^n marschierten wir nach Rutzendorf; das dortige Schloß ganz öde u[nd] menschenleer, war so fortificirt daß es sich wie ich glaube wenigstens hätte 8. Tage halten können; aber es war nicht einmal abgebrannt, nicht gestürmt, sondern verlassen; unser Weg hierher, wo wir dem Gang des Gefechts folgten, lagen außerordentlich viel todte Pferde, aber sehr wenig Menschen, in u[nd] um Rutzendorf höchstens etl[iche] 30. u[nd] etl[iche] 40. Blessierte fanden wir dort von beyden Teilen, letztere ließen wir verbinden.

Den 9^n früh versammelte sich das ganze Avant Garde Corps unter Gutschmidt (nehml[ich] wir, Husaren, Schützen Bat[ail]l[on] Egidy, 1/2 reit[ende] Battrie neu hergerichtet) bey Loipendorf u[nd] marschierten über N[ieder] Siebenbrunn gegen Marchek vor, um dort zu recognosziren was von Oestr[eichern] da stünde, noch aber wissen wir nichts, als daß wir uns en Ordre de Bataille hinstellten, aus 4. St[ück] tüchtig beschleßen ließen, einige Leute und Pferde verloren u[nd] bey der Retraite unsere bra-

ven Schützen äußerst exponirten u[nd] fatquirten !!! zur
Recication ward in Siebebrunn so ein wenig requiriert —
u[nd] bis Loipendorf zurückgegangen. Ich muß hier noch
nachholen daß unsere Leute eigentlich nie Mangel litten,
sondern stets Brot, Fleisch, u[nd] oft Wein oder Brannt-
wein hatten; allein wir litten im Überfluss Mangel; denn
da franz[ösischer] Seits alle Befehle gewöhnl[ich] erst da
gegeben werden wenn sie executirt werden sollen /:
welches freilich gar nicht zu tadeln ist :/ so traf sichs fast
immer, daß während das Fleisch (oft Hü[h]ner Gänse und
derg[leichen] gute Sachen:) am Feuer stand, u[nd] noch
nicht halb gekocht war, aufgebrochen ward, u[nd] dies
Mahl im Stich gelassen werden mußte, oft konnten wir
wieder die Gottes Gabe nicht genießen, weil wir die Kes-
selpferde, welche wir dafür haben daß sie den Reg[imen-
tern] immer folgen sollten, nicht exponirten u[nd] auf
der Insel gelassen hatten! in den verwüsteten menschen-
losen Dörfern aber nur Schaaben u[nd] keine Töpfe fanden; hingegen litten die Pferde mehr, denn außer etwas
Gerste die halbreif vom Feld weggenommen ward, war
gar nichts für sie da, u[nd] dies Futter behagte Ihnen
aber nicht, daher sie auch noch heutigen Tages sehr ma-
ger sind u[nd] sehr viele ganz niedergeritten.

Den 10n ging der Prinz von uns ab, u[nd] wir kamen unter
Gen[eral] Regnier zur Italienischen Armee, die Av[ant]
Garde marschierte heut nach Lassee, meine Esc[adron]
kam auf Vorposten nach Groissenbrunn u[nd] die 2e nach
Breitensee, letztere hatte beim Auftritt auf ihren Posten
ein kleines Scharmützel mit den Oestr[eichischen] Husaren, von denen 1. M[ann] gefangen ward. Es regnete ge-
waltig, den ganzen Tag, die ganze Nacht u[nd] den folgenden Morgen bis gegen Mittag, wobey es anhaltend

stark donnerte; da hier der Boden sehr fett ist, u[nd] überhaupt ⦅8⦆ in dem so genannten Marchfeld alles ganz eben, so stand alles voll Wasser u[nd] war tiefer Morast, welches für die Inf[antrie] besonders den Marsch sehr fatiquant machte, indessen versammelte sich doch den 11ⁿ das sächs[ische] bey Schönfeld, u[nd] rückte gegen Marchek vor, welches heut genommen werden sollte rechts von uns ging 1. oder 2. Kolonnen von der italienischen] Armee, u[nd] wir die die wir zur Av[ant] Garde gehörten gingen wieder nach links um Marchek zu tourniren. Dies Manoeuvre war sehr vorsichtig entworfen u[nd] vereint fechtend sehr gut, allein diesmal war es nicht nötig, denn die Öster[reicher] hatten Marchek bei unserer Annäherung verlassen, die Brücken über die March abgebrochen u[nd] sich gegen Preßburg retirirt. Wir bivouacquirten bei M[archek] wo das Hauptquartier war, konnten aber nicht über die March da diese durch den Regen stark angelaufen war. Am 12ᵗᵉⁿ ward die 2ᵗᵉ Esc[adron] so wie die meinige wieder auf Vorposten, erstere nach Baumgarten auf die Inseln, ich aber nebst 1 Comp[anie] Schützen bei Zwernd[or]f u[nd] Angern detachirt, ein Commado ging längs der M[arch] hinab Furthe zu suchen die es auch bei Angern fand, abends kam das Rgt. u[nd] die Husaren gleichfalls noch bei Zwirnd[or]f u[nd] Angern an wo wir bivouacirten, den 13ⁿ aber bey Zwirndorf [Zwerndorf] durch die March giengen, wo das Wasser bey kleinen Pferden fast über Sattel gieng. Das Clima hierherum hat schon das Eigne von Ungarn daß die Tage sehr heiß u[nd] die Nächte ordent[lich] kalt sind, da wir nun seit dem 4. nicht zur Ruhe kamen, fast nie etwas Warmes essen konnten, immer die Nächte auf dem nassen Boden zubringen musten, oft ohne Feuer, so bekamen die meisten Leute, Dyarrhée u[nd] Fieber, der État des Reg[imentes] war von 515 M[ann] auf 300 herabgeschmolzen, u[nd] die robustesten unterlagen den Fatiguen, auch ich war seit der Bataille krank, hielt mich zwar noch immer, allein am 13ⁿ hatte die nasse Parthie durch die March, da ich auch Dyarrhée u[nd] Fieberanfälle hatte, so angegriffen daß ich mich kaum mehr auf dem Pf[er]d[e] halten konnte; wie willkommen war uns allen die Nachricht vom Waffenstillstand die wir nach dem Übergang über die M[arch] erhielten. Wir marschierten nun, die Avantgarde wozu noch das R[e]g[imen]t Johann gestoßen war gegen Stampfen; Parlamentairs waren schon von Marchek aus und auch von uns nach Preßburg u[nd] die gegen uns stehenden Oestr[eichern] geschickt, die aber vorgaben nichts vom Waffenstillstand zu wissen; Wir rückten nun in Stampfen ein, wo ich höchst erschöpft, auf ein Lager hinsank. Wir hatten den strengsten Befehl uns aller Feindseligkeiten sowohl gegen das Militair als das Land zu enthalten; u[nd] da unsere aufgestellten Feldwachten weder Degen noch Pistol zogen, so thaten dies die ganz dicht an uns stehenden Oestr[eichern] ebenfalls nicht; die Leute ritten zusammen u[nd] tranken miteinander, die Officiers waren bey den unseren von der Feldwacht, Oertzen u[nd] des Granges; da aber rechts von Theben her 1 Bat[aillon] Devay mit 3 Kanonen u[nd] etwa 2 Esc[adronen] Blanckenstein 2 Esc[adronen] Stipsitz u[nd] 3 Esc[adronen] Insurrect[ions]-Husar[en] gegen Stampfen vorrückten, so war 1 Esc[adron] Johann u[nd] 1 Comp[agnie] Schützen zum Soutien der Feldwachten ausgerückt, allein die Parlamentairs ritten noch immer hin und wider, als auf einmal die Oestr[eichern] über un-

sere Truppen herfallen u[nd] natürlicherweise einen großen Theil gefangen nehmen, worunter auch des
Granges war, den man am Arm fort führte ohne daß er
den Degen gezogen hatte. Nun ward Allarm geblasen,
das R[e]g[imen]t Johann das am ersten heraus war rückte nebst den Schützen sogleich gegen die von Theben
anrückende Oestr[eichern]. Wir aber nebst Husaren ⟪9⟫
zogen uns hinter's Dorf um den Rücken gegen die von
Theben heranrückenden 2-3 Esc[adronen] Husaren von
Stipsitz etc. zu decken; erhielten aber Befehl ebenfalls
vorzurücken, da die Affaire gegen die Oestr[eicher]
rechts in vollem Gang war; unser R[e]g[imen]t Johann
u[nd] die Schützen attaquirten nähm[lich] sogleich im
Sturm die so überlegene Masse, die Oestr[eichische]
Inf[anterie] hatte ein Quarreé formirt u[nd] chargirte mit
Gewehr u[nd] Kanonen; allein aus leztern konnte nur 1
Schuß geschehen u[nd] sie wurde von dem äusserst bra-
ven Bat[aillon] Egidy so wie auch 1 Fahne genommen,
über 300 M[ann] gefangen genommen, u[nd] der Rest an
Inf[anterie] u[nd] Cav[allerie] derb zusammengehauen so
daß vom Bat[aillon] wenig mehr als 100 M[ann] übrig
blieben; das R[e]g[imen]t Johann hatte unter des alten —
so sehr zurückgesetzten Engels Anführung äusserst tap-
fer gefochten die Cav[allerie] geworfen u[nd] auch auf
die Inf[anterie] eingehauen; ich ward wieder mit der
Esc[adron] vor detachirt, kam aber leider erst in dem Au-
genblick an als die Oestr[eichern] nun den Waffenstillstand anerkannten u[nd] alle Fehde für diesmal hier ein
Ende hatte. Allein während dies Gefecht rechts statt
fand, drangen die von Preßburg hergekommenen Husaren auf unsere Feldwacht ein, warfen sie durchs Dorf,
u[nd] da, traf mich wieder das Unglück, daß mein

alter Ständke im Gedränge mit 2 Pferden u[nd] fast aller meiner Equipage u[nd] Baarschaft gefangen ward, u[nd] ich alles verlor. Der Antritt als Major, denn heut erst ward mir das Patent eingehändigt, war also sehr remarquable für mich, ich kann den Verlust der 3 Pferde u[nd] sämtl[ichen] Sachen allerwenigstens auf 1000 rtl. rechnen – ich bin wahrhaftig recht zum Malheur ausersehn u[nd] kann an diesen Feldzug dencken, den ich auch, so wie das ganze Soldatenleben herzlich satt habe.

Ein Husar von Blanckenstein sagte mir unaufgefordert als wir nachher gegen einander hielten, u[nd] den Oestr[eichischen] Officiers von uns die gröbsten Sottiesen gesagt wurden, die Sie auch einsteckten, daß man in Preßburg um 11 Uhr schon den Waffenstillstand gewusst, auch um 4 Uhr bereits bey diesen Truppen informirt gewesen sey dennoch unternahm man so widerrechtlich u[nd] tükischerweise den Angriff nach 5 Uhr! – Wir bivouacquirten nun bey Stampfen u[nd] marschierten den 14[n] nachmittag nach Preßburg wo wir abends eintrafen u[nd] jenseits der Stadt bivouacquirten. Unterwegs trafen wir 1 Esc[adron] Hus[aren] von Blanckenstein die zur großen Armée nach Brün wollte, aber wieder umzukehren genöthigt ward u[nd] unsere Avant Garde durch Preßburg machen muste; auch hatten wir an folgenden Tag den Triumph, das Bat[aillon] Devay durch unser Bivouac ziem[lich] geschmolzen ziehen zu sehen.

Den 15[n] rückten wir in Preßburg ein, u[nd] ich fand hier meinen Johann mit leeren Händen wieder; selbst des Granges und dem Parlamentair Offic[iers] hatte man Pferde u[nd] Equipage abgenommen. Hier in Preßburg steht nun Gen[eral] Regnier mit einigen wenigen Offic[iers] des Gen[eral]-Stabs, u[nd] einige franz[ösische] Artillerie u[nd] Pontonniers auch einigen wenigen Italienischen Truppen; übrigens der ganze Sächß[ische] Generalstab. Wir, Husaren /: wovon jedoch 1 Esc[adron] nach Ober Ufer vor detachirt ist; 1 Esc[adron] Albert, Grenad[ier] Garde, G[renadier] Bat[aillone] Bose u[nd] Radeloff, Bat[aillone] König, Friedrich, Niesemeuschel, Klengel, Schützen Bat[aillon] Metzsch u[nd] Egidy, die halbe reitende u[nd] noch 2 Batterien, stehen in Preßburg, ½ Stunde reich[lich] von hier stehen Oestr[eichische] Husaren, u[nd] hinter ihnen Infanterie, Landwehr, Jäger. Die Husaren werden sehr oft abgelößt, erst standen Blanckenstein u[nd] Stipsitz, nachher Kaiser u[nd] Palatinal, jezt Primatial Husaren, immer aber Insurrect[ions]-Husaren mitunter uns gegenüber; ich glaube fast daß war es that um die Desertion zu vermindern, die sehr häufig ist, denn – zum größten Erstaunen, leiden die 《10》 Oestr[eichische] Truppen in dem fruchtbaren Ungarn Noth; diese Klage ist bey ihnen so wie die über schlechte Behandlung allgemein, es desertiren nicht bloß Recrouten oder Ausländer; nein alte gediente Leute, Ungarn, selbst Wachtmeisters sind desertirt, u[nd] oft kommen Oestr[eichern] zu unsern Vedetten u[nd] bitten um Brod; von Kaiser Husaren wovon die Offic[iers] sehr bekannt mit uns geworden, sprachen ganz offen über ihre Verhältnisse, u[nd] läugneten nicht daß sie ihre Bedürfnisse hinach aus Preßburg kommen ließen, weil bey ihnen nichts zu leben sey.

Die Insurrections-Husaren sind – Bauerjungens auf rohen Bauerpferden, u[nd] werden nicht viel leisten, stehen auch gar nicht in großen Credit bey den Oestr[eichischen] eignen Truppen u[nd] Einwohnern.

Wenn nun auch Oestr[eich] wirklich seine Armée auf solche Weise sehr zahlreich gemacht hat, so kann man doch leicht berechnen, was mit dieser Armée ausgerichtet werden wird, da die erstere bessere nicht mehr that; nun noch die Vorteile gerechnet welche die Demarcationlinie, die Waffenstillstands-Bedingungen gewähren, so glaube ich unmög[lich] daß wenn auch wie man jezt auch hier verbreitet, der Krieg wieder fortdauert, er von Dauer u[nd] für Oestr[eichern] günstig seyn würde; übrigens ist man auch in Ungarn wegen der wirklich ziemlich stiefmütterlicher Behandlung von Seiten Oestr[eichs] gar nicht erbaut, u[nd] selbst in Oestreich sieht man ein daß alles anders und besser seyn könnte; wenn die Franzosen das Princip hätten statt die Unterthanen durch Verwüstung zu ruinieren, durch gute Behandlung zu gewinnen, so bin ich überzeugt sie würden in Oestreich u[nd] Ungarn eine größere Insurrection für sich als Oestreich gegen sie aufbringen. Unsere Leute die sich hier größtenteils gut betragen, wenigstens doch weit besser als gewöhn[lich] die Franzosen, sind nicht nur hier sehr gut accreditirt sondern unser guter Ruf ist schon vor uns her in Ungarn erschollen, dies haben uns die gefangen gewesene Officiers von uns, welche kürzlich so wie ein großer Theil unserer Leute ausgewechselt wurden, u[nd] in Segedin an der türkischer Gränze gewesen waren, versichert; indessen hört man doch auch hier keine Klagen über die hier befind[lichen] Franzosen. Obschon wir hier Frühstück Mittags u[nd] Abendtisch frey haben, so giebts doch eine Menge unvermeid[licher] Nebenausgaben, wodurch der Auffenthalt, besonders für Manche, äußerst kostspielig wird mir macht meine neue Equipierung unend[lich] viel Ausgaben, und incommodirt mich um desto mehr, da die Revenuen der Comp[agnie] so schlecht sind, daß man nicht einmal Tractament u[nd] Gratificat[ion] frey behält. Über das Regim[en]t würdest du dich nicht sehr freuen wenn du jezt wieder dazu versetzt würdest; einige mittle u[nd] junge Herren geben den Ton auf eine ziem[lich] arrogante Weise an, fühlen sich zu höhern Würden fähig, kümmern sich also nicht um ihre Sphäre wodurch der gemeine Mann, aufsichtsloß, ganz zügelloß wird — die Kerls sehn wie vom ☾11☽ Galgen gefallen aus, versaufen das Geld was ihnen hier reich[lich] übrig bleibt da sie alles frey haben u[nd] sind wenn sie nicht immer Prügel bekommen äusserst ungezogen; wozu sie freilich auch sehr weit hier verleitet werden, da die Ungarn überhaupt eine jovialische Nation sind u[nd] der gemeine Mann eigent[lich] lied[erlich] ist. Wir Offic[iers] sind hier in Häusern nicht bekannt, ich glaube auch daß das hier nicht gewünscht wird, denn es würde für die Familien Aufwand machen den man jezt lieber vermeidet, auch scheint es überhaupt daß man hier lieber an öffent[lichen] Orten sich sieht als steife große kostspielige Gelage hat. Das Weibs Geschlecht lebt hier sehr liberalisch, man sieht die Weiber selten mit ihren Männern, sie zeigen sich fast täg[lich] auf der Promenade, im sogenannten Kästen Garten etc., u[nd] da unsere H[erren] Offic[iers] sich lieber mit Freudenmädchen als distinguierten Damen abgeben, so hat man uns Sachsen beschuldigt – wir wären recht artig machten aber zu viel Umstände, u[nd] – ich versichere dir ich kenne Offic[ers] vom Corps auf die ordent[lich] von sehr hübschen Mädchen und Weibern Jagd gemacht wird. Auf der Promenade wandelt übriges alles in friedlicher Eintracht, honette Frauenzimmer u[nd] Freudenmädchens, u[nd] – das bis es ganz dunkel wird. Nun genug von uns, u[nd] ich wende mich zu meinen Freunden nach Sachsen die Lage der Dinge dort erfuhren wir hier immer sehr bald u[nd] sehr richtig; daß wir hier sehr besorgt waren kannst du dencken, lieber wären wir zu Eurer Befrayung herzugeeilt, als daß wir uns hier herum drehten, wo kein Dank uns lohnt.

Heut ward hier der Napoleonstag solenn celebrirt – früh den 15. Aug[ust] annoncirten 21 Kanonenschüsse das Feste, vom Schloß herab. Um 6 Uhr stand die hiesige Besatzung 8 Esc[adrons] 9 Bat[aillons] u[nd] 3 Batterien en Parade vor der Stadt aufmarschiert, Regnier passirte die Front wie gewöhnlich der König; dann wurden vorm Bat[aillon] König die Orden und Medaillen verteilt, u[nd] es kamen sub. Tit. Manoeuvre von der Infanterie 20 u[nd] der Art[illerie] 10 Patronen auf der Stelle verfeuert, u[nd] am Ende mit ½ Divisions u[nd] ½ Esc[adron] vor Regnier vorbey defilirt. Es wunderte mich hier den Oestr[eichischen] Gen[eral] Bianchi der uns gegenüber commandirt neben Regnier zu sehen. Nach dem Einrücken war Tedeum in der Domkirche wobey sämt[liche] Offic[iers] der Garnis[on] waren, die Garde formirte eine Haie in der Kirche das Bat[aillon] Metzsch gab 4 Salven haussen vor der Kirche u[nd] am Schloß wurden 21 Kanonenschüsse gethan. Mittagseßen bey Regnier sämt[liche] Generals u[nd] Stabs Offic[iers] der Garnison, auch Fürst Esterhazy, G[ra]f Palfy u[nd] mehrere ungar[ische] Große u[nd] Beamte, auch der Vice Bischoff – es war sonderbar diese Herren das Vive Napoleon mit lauten zu sehen, das abermals mit 21 Kanonschüsse vom Schloß begleitet war – Was die Zahl 21 bedeutet habe ich noch nicht erfahren können – Abends 8 Uhr wird Ball u[nd] Illumination seyn, in dem Zwischenraume schreibe ich dir diese Zeilen u[nd] werde noch das Finale treu[lich] referiren – bis jezt ist die gehoffte Friedensnachricht noch ausgeblieben. Über die Ordensvertheilungen ließe sich noch mancherley sagen – ist er nur für wahre Auszeichnung bestimmt, so ist er teils zu reichlich gespendet worden, teils an den unrechten Mann gekommen; gehört er aber zum guten Anzug, so müsste er noch reich[licher] ausgegeben worden seyn.

《12》 Ich schweige von denen die ihn erhalten haben[6], sehr viele tragen ihn gewiß verdientermaßen aber einige die ihn nicht erhalten haben, will ich dir doch nennen. Ziegler[7], Winckler von Johann, Männer die nur aus Penchant mit wahrer Ambition u[nd] Enthusiasmus dienen sich schon in Schlesien auszeichneten, haben ihn nicht erhalten; Baumann von uns der gewiß auch that was andere thaten, gleichfalls nicht, ich will von Hardenberg nichts sagen, aber daß man einen Fähndrich Mandelsloh vom R[e]g[imen]t König Inf[anterie] geradezu ausgestrichen hat ist – allerwenigstens höchst ungerecht. Dieser hat sich schon als Junker 14 Jahr alt bey

---

6 Von der leichten Kavallerie haben den St. Heinrichs Orden für Wagram und Stampfen erhalten:
Prinz Clemens = Major v.Hühnefeld; Capitaines v.Großmann, v.Gecka und v.Röder; Pltn. Pflugk; Sltn. von Oertzen und v.Bärenstein
Prinz Johann = OSL v.Engel; Capitaines v.Koeckritz, v.Lindemann und v.Ziegler; Pltn. v.Schultz und v.Weißenbach; Sltn. v.Tannhof
Husaren =   Rtm. v.Lindenau (alle beliehen am 04.08.1809) sowie
Prinz Johann = Oberst v.Kleist und Pltn. v.Watzdorf (am 14.08.) und Sltn. v.Wiedebach (am 16.08.)

7 Randnotiz des Verfasser: *hat ihn wie ich heut noch erfuhr erhalten*

Saalfeld[8] u[nd] dann bey Jena[9] sehr ausgezeichnet; jezt bey der Bataille erhält er da das Bat[aillon] auf Wagram zu avancirt einen Schuß durchs Dickbein, man ruft ihn zu daß er blessirt sey allein er achtet es nicht sondern geht mit vorwärts; eben da das Bat[aillon] in Sturmmarsch antritt, und er nochmahls ins Bein blessirt u[nd] sinkt zusammen, einige Leute bleiben bey ihm und wollen ihn forthelfen, allein er jagt sie fort um mit beym Stürmen zu seyn, u[nd] da das Bat[aillon] in Wagram eindringt ist M[andelsloh] selbst mit da – wenn solche Menschen keine Orden verdienen u[nd] erhalten! – von mehreren sagen ihre eigene Kammeraden daß sie die verdienten. Ich für meine Person mache keine Ansprüche auf den Orden ich habe mich nicht ausgezeichnet, auch keine Gelegenheit dazu gehabt – 5 Minuten eher bey Stampfen hätten mir ihn vortraben u[nd] verdienen können! allein ich werde ihn aber so wenig bekommen, als eine Carrière in diesem Stande machen, wie jezt die Lage der Dinge ist; allein ich habe auch diesen Stand so satt, daß ich ihn herzlich je eher je lieber zu verlassen wünsche; ein Buch voll gegründeter Ursachen könnte ich dir schreiben – wie anders war es in jenen glück[lichen] Zeiten von [17]93 selbst nach [17]96 denen ich mich mit Vorzügen erinnere. Mein Plan – der leider durch mein Majors Avancement sehr vereitelt wird – ging auf eine Civil Versorgung, um nicht ein pensionirter Müßiggänger zu seyn; manche war passend für mich als Capit[aine], wenig, fast gar keine als Stabs Offic[ier]. Wenn du mir einmal da zu einem hübschen Dienstchen mit behülf-

---

8 Gefecht bei Saalfeld am 10.10.1806

9 Schlacht bei Jena am 14.10.1806

lich seyn kannst, will ich mich schon auch erkennt[lich] finden lassen! – durch die Betrachtungen über meine Lage – Schulden zu haben diese beym besten Willen nicht bezahlen zu können, denn die Comp[agnie] hat mir wenig geholfen, als Major kann ich kaum subsistiren, bezahlen gar nichts, u[nd] nun die neuer[liche] Unfälle dazu die mir wieder neue Kosten machen, – u[nd] so manches Unangenehme was sich immer mit zugesellt wenn einmal so eine fatale Periode eintritt, ist mir aller Muth u[nd] Frohsinn vollends vergangen, u[nd] ich bin manchmal ordent[lich] lebenssatt u[nd] müde. Subaltern Offic[iers] so Pferde verloren haben vor dem Feind, haben Entschädigung erhalten, allein Comp[agnie] Innhaber u[nd] ⟪13⟫ Stabs Offic[iers] erhalten keine, zwar hat mich unser Zezschwitz veranlaßt ein Memorial einzugeben; ich rechne aber auf nichts denn der König hat im Grunde jezt Ausgaben genug.

Noch eine Unannehmlichkeit ist die, daß mir mit den Pferden so ich verlor, gerade auch die Rechnungen über die 700 rtl verloren gegangen sind, die ich auf Commando erhoben hatte u[nd] dadurch ich viel Schaden leide, weil mein Commando aus Mannschaft von allen R[e]g[imen]t[ern] bestand, bald stark, bald schwach war, u[nd] ich nur noch wenig einzelne Bruchstücke habe, so viel ich bis jezt habe zusammen studieren können verliere ich gewiß über 100 rtl worüber ich mich nicht legitimiren kann – doch genug hiervon – u[nd] wieder zur gestrigen Fête: die ganze Stadt war /: man sagt par force:/ illuminirt, vor dem Palais des Primas als dem Quart[ier] von Regnier, dem von Zezschwitz u[nd] dem Landhause auch der Hauptwacht, standen Chöre Hautboisten, so wie auf der Promenade die sehr brillant illuminirt war, überall war ein Gewühl von Menschen, auch der Ball im Redoutensaal war sehr zahlreich; allein vom 1n Rang waren nur Herren, keine Damen da, alle Anwesende aber sehr hübsch angezogen, aber meist schlechte Tänzerinnen u[nd] nur wenig hübsche.

Für mich waren 2 Oestr[eichische] Offic[iers] interessant, wovon der eine vom R[e]g[imen]t Kienmayer-Hus[aren] /: sonst Wurmser :/ mir sehr interessante Notizen über die Bataille gab, die ich dir auch noch mitteile.

Am 4n schon gegen Abend erhielt die Oestr[eichische] Armée Befehl die Nacht im Gewehr zu stehen u[nd] aufzusitzen, der Offic[ier] meinte daher daß man bey ihnen den Angriff vermuthet oder gewußt habe, auch habe man die Kanonade von ihrer Seite abends eröffnet. Wahrscheinlich ist schon das jenseitige Ufer in dem einspringenden Winkel gegen uns zu bey Esslingen von unserer Seite besezt gewesen, denn um 11 Uhr des Nachts ist schon das Davoustsche Corps ganz drüben gewesen u[nd] 8 Bat[aillone] haben Enzersdorf überfallen, das Gen[eral] Riese schnell verlassen hat; wenn – sagte der Oestr[eichische] Offic[ier] wir dort rasch vorgezogen wären, so hätten wir über 50 Kanonen bekommen, die vor den Vorposten allein ohne Bedeckung standen, ich vermuthe daß hier der Schreck der Attaque schon gewürckt hat! – Am folgenden Tag schon nachmittag habe sich das Klenausche Corps /: das 6te, eigentlich Hillersche der aber krank gewesen :/ über Leopoldsau bis Stammersdorf zurückgezogen – wahrschein[lich] Folge unsers Gefechts bey T[eutsch-]Wagram u[nd] der dortigen Attaquen.

Den 6n früh aber sey es wieder bis Hirschstätten vorgegangen habe dort ein Gefecht mit der franz[ösichen]

Cav[allerie] gehabt, die aber Kanonen bey sich gehabt! –
end[lich] hatten auch sie Batterien bekommen, worauf
die Franz[osen] zurückgegangen, sie aber damit andre
Cav[allerie] bey Wagram – also uns – beschossen hatten;
allein schon nachmittag sey dies Corps wieder bis Stammersdorf u[nd] nachher bis Kornneuburg zurückgegangen, nur das Hus[aren] R[e]g[imen]t Kienmayer sey dort
bis den 7ⁿ früh zu Deckung der Retraite stehen geblieben. Es sey gegründet daß nicht nur eine große Menge
Cavallerie ⟪14⟫ sondern auch Grenad[iere] u[nd] andere Infant[erie] in Reserve gestanden u[nd] gar nicht Anteil
am Gefecht genommen; die Cavallerie aber so im Gefecht gewesen habe sehr gelitten, besonders die Husaren, u[nd] wären diese R[e]g[imen]t[er] welche sich jezt
größernteils hier bey Tyrnau 5-6 Stunden von uns stehen,
äusserst schwach. Über den Verlust äusserte er, daß sie
zwar viel Todte u[nd] Blessierte hätten; doch glaubten
daß die Franzosen deren mehr hätten, allein an Gefangenen hätten sie sehr viel verloren, weil die Leute – aus
Mangel an Verpflegung – so erschöpft gewesen daß sie
nicht mehr fortgekonnt, er selbst rechnete daß
zwischen Stammersdorf u[nd] Kornneuburg gewiß wenigstens 500 M[ann] so er selbst gesehen den Franzosen
in die Hände gefallen wären, am meisten aber hätten sie
beym Rückzug verloren. Kanonen wollte er daß nur 9. -
10. verloren aber 14. von ihnen genommen worden, ich
bezweifle beydes. Bey Kornneuburg sey am 7ⁿ noch ein
starkes Arriere Garde Gefecht gewesen, u[nd] auch
abends die dortigen Verschanzungen genommen worden.
Auf ihrem linken Flügel sey das Corps von Erzherzog Johann völlig in Verbindung mit dem Erzherz[og] Carl ge-

wesen, dieser habe jenem die Disposition zum Angriff erteilt, er sey auch zur bestimmten Zeit ausgerückt, habe aber gar nichts gethan – obschon er wenigstens 18 000 M[ann] gehabt u[nd] gewiß 50 Kanonen. Auch ihm war es unbegreif[lich] wie es bey ihrer Armée zugegangen sey.

Nun was sagst du zu solchen Dingen – äusserst interessant sind Belehrungen u[nd] Gespräche dieser Art; mit Officiers von der Gegenparthey, wenn sie so offen sind. Morgen, sagt man heute wieder, soll der Congress in Ungar[isch] Altenburg 5 Stunden von hier zusammenkommen; wir werden also die Entscheidung brühwarm erhalten.

Stoff zum Schreiben hätte ich genug noch, allein du wirst ohnehin schon Mühe haben dies Geschmiere[10] zu dechiffriren; freuen soll michs wenn es Interesse für dich hat; u[nd] da durch diese Relation die so ich damals an Helbig schreiben konnte fast ganz umgeworfen wird, so bitte ich dich sie ihm mitzuteilen.

Grüße Helbig recht herzlich von mir, u[nd] sage ihm ich sehe einen Schreiben von ihm recht sehn[lich] entgegen, denn ich möchte gerne wegen eines Punkts Antwort haben, Deiner lieben Frau einen Herzens Kuß und meinen nochmaligen Dank für ihre Teilnahme für ihr Andenken; ich wünsche Euch allen recht herzlich daß Euere Ruhe Eurer Friede nicht ferner gestört werden möge.

Schreibe mir ja auch künftig, denn deine Briefe machen mir wahre Freude – du bist diesmal mein treuster Correpondent gewesen!

---

[10] welch wahre Beschreibung des Schriftbildes

Dein

wahrer Freund
Rt

《15》 Sollte es mög[lich] sein daß du durch P. etwas in
der Sache thun könntest, so würdest du dich gewiß recht
viel verdient machen wenn du Baumann den Orden aus-
wirktest; er ist mit in Vortrag gebracht, aber ich möchte
fast sagen pr. cubate hinten nach − urteile du aber selbst
ob er ihn verdient oder nicht. Pflugk, Bärenstein, Oertzen, waren nachmittags mit den Blänkers vor detachirt, hielten sich recht brav gegen den sehr überlegenen
Feind den sie auch attaquierten, allein durch Überlegen-
heit zurück gedrängt wurden, es ist nichts darwider zu
sagen daß sie die Orden erhielten − allein sie führten die
Blänkers am Tage vor u[nd] hatten das R[e]g[imen]t zum
Soutien; Baumann aber ward im Dunklen mit 30 M[ann]
allein vor detachirt, hatte kein Soutien, seine Leute keine
Patronen mehr, denn alle waren verschossen, − u[nd]
behauptete seinen Posten.

Solltest du eine Gelegenheit hierher finden die nicht zu
kostspielig wäre, so schicke mir doch eine sächß[i-
sche] Rangliste auf 1809. nebst allen vorhandenen Nach-
trägen zu, die unsern sind abhanden gekommen; ich
werde dir die Auslage mit Dank restituiren, oder durch
meine Schwester restituiren lassen, schreibe mir nur was
sie kostet.

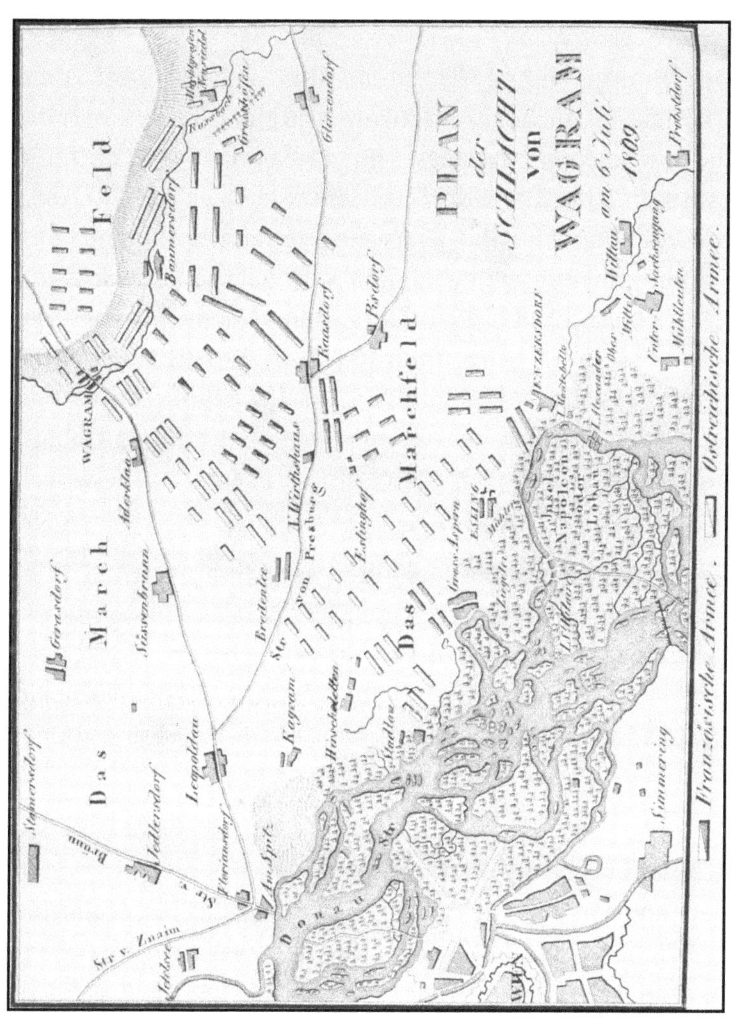

Abb. 02   Plan der Schlacht von Wagram am 06.07.1809

《16》

Preßburg am 22. Sept[em]b[e]r
1809.

Der Himmel lohne dir, mein alter lieber Vetter, dein freundschaft[liches] Andenken u[nd] jede Zeile durch die du mir solches beweisest, mit tausend Augen, da mein tausendfacher Dank doch unter der jezigen Verhältnissen nur vom Pappier u[nd] Tinte zusammengesezt seyn kann. Glaube mir daß es mir allemal ein wahres Fest ist wenn ich einen Brief von dir erhalte, denn für mich haben die Blicke in die Vergangenheit in jedem Betracht mehr Reizendes als die auf Gegenwart u[nd] Zukunft; dort finde ich Lebensfreuden genossen im Kreise der Freundschaft, hier stehe ich ziemlich allein, u[nd] sehe vor mir – warlich nicht Lebensfreuden!

Gerne wollte ich dir für deinen sehr interessanten Brief auch etwas interessantes schreiben, allein das Interessantste was wir hier wissen drückt sich sehr kurz durch das Wort nichts aus. Lügen, Vermuthungen giebts in Menge, allein derley Waare habt ihr in Sachsen ohnehin genug, u[nd] braucht die hiesigen nicht.

So viel ist indessen gewiß daß alle Vorkehrungen die geschehen mehr auf Fortsetzung des Kriegs als auf Frieden deuten; und wer nicht oberflächlich urteilt nicht überhin sieht, der muß bemerken daß Napoleons Ziel das er nunmehr erreichen muß, noch bey weiten nicht erreicht wäre, wenn jetzt Friede würde; daß dieser Frieden immer nichts als ein Waffenstillstand auf einige Jahre wäre, u[nd] das Resultat des ganzen Kriegs, die ganzen jezt erhaltenen Vorteile wäre bey weiten nicht 《17》 das was es seyn kann, seyn wird, wenn der Feldzug vielleicht noch ¼

Jahr dauert. Nicht so rasch, nicht so kühn gehn jezt Napoleons Unternehmungen; aber sicher berechnet, schlau eingeleitet u[nd] vorbereitet sind sie jezt, werden energisch u[nd] fest ausgeführt, u[nd] die Vorteile rasch verfolgt u[nd] benutzt, ich glaube nicht an den Frieden für jezt, so sehr ich ihn für's Allgemeine u[nd] für mich wünschte; denn wer an Kriege u[nd] seinen begleitenden Szenen Freude haben kann, der muß sehr leichtsinnig oder sehr ahnsüchtig seyn, aber ich bin überzeugt daß wieder ein sehr entscheidender Schlag erfolgt wenn der Feldzug wieder eröffnet wird. Nach alle dem was ich so aus den Erzälungen östreich[ischer] Officiers schließen kann, müste es ein Wunder seyn wenn sie siegten — münd[lich] würde ich dir das mit überzeugenden Gründen vorweisen, schrift[lich] halte ich's nicht für rathsam.

Napoleons Armée ist in sehr respectabeln Zustande, auch die östereich[ische] mag sehr zahlreich seyn; aber der Geist ist wohl verschieden. Könnte die zahlreiche ungarische Insurrection in die Regimenter eingeteilt werden, hätte sie mit diesen eingeübt werden können, so hätte sie einen furchtbaren Zuwachs gegeben; allein da sie alsdann aufhören würde Insurrection zu seyn u[nd] dies verfassungswidrig ist, so wird diese Insurrection eher Unheil als Vorteil verbreiten. Der Krieg mit Österreich denke ich mir bald entschieden, aber der Appendix mit der Türkey, der ganz unfehlbar ist macht mir eben nicht viel Freude, ohnehin ich fast bezweifle daß Napoleon Bayern u[nd] Sachsen ⟪18⟫ mit dahin nehmen wird, da diese beyden Corps ihm in schlagfertigen u[nd] marschfertigen Stande erhalten, in ihren Staaten nützlicher seyn können, als wenn er sie mit dahin nimmt, so wie ihm auch in staatswirthschaft[licher] Rücksicht darangelegen seyn muß eher seine als allierte Truppen gratis zu erhalten. Wie ich dir schon gesagt habe, und du mir auch in Hinsicht der Schiksale die mich betroffen haben glauben wirst, so bin ich ganz u[nd] gar nicht so kriegslustig gestimmt, aber ich bin bereit u[nd] willig, u[nd] muß wirklich lachen wenn ich, so sehr viele von unsern Officiers so am Heimweh laboriren, u[nd] jeden Friedensschein zur Flamme anblasen sehe. Es ist wahr wir haben Fatiguen genug gehabt, haben gut u[nd] brav gefochten, aber – wir haben nie Mangel u[nd] Noth gehabt /: ausgenommen die Pferde :/ u[nd] wer sagt daß Napoleon uns mehr exponirt habe als seine Truppen, der lügts; lies einmal in den Zeitungen nach was für Affairen die Franzosen, die Bayern etc. gehabt, u[nd] vergleiche damit die unsern die ich dir hier alle bis aufs kleinste herzählen will u[nd] dann urteile selbst.

1ns) am 30n April war bey Asch ein Patrouillen Gefecht wobey kaum 50. M[ann] engagiert waren.

2ns) ein der[gleichen] ganz ähn[lich] zwischen Heydt u[nd] Frauenberg[11] an der böhm[ischen] Grenze am 6n May

3ns) am 17n May die Affaire bey Linz wo die Avant Garde u[nd] 1e Division engagiert war, u[nd] sehr gut focht.

4ns) den 18n May ein kleines Patrouillen Gefecht bey Gallneukirchen

5ns) '' 19n '' ein starkes Scharmützel bey einer Recognoscirung nach Neumark, wobey Schützen Husaren u[nd] 1 Esc[adron] von uns war.　　　　《19》

---

[11] Hluboká nad Vltavou, until 1912 Podhrad (deutsch: Frauenberg)

6[ns]) ein Patrouillen Gefecht bey Mauthausen[12] unbeträcht[lich].

7[ns]) der Überfall bey Amstetten[13] durch den vorzüg[lich] Carabiniers, Grenad[ieren] u[nd] Schützen litten, Verräthrey u[nd] Sicherheit sollen dazu beygetragen haben.

8[ns]) die Schlachten bey Enzersdorf u[nd] Wagram am 5^n u[nd] 6^n July.

9[ns]) kleine unbedeutende Patrouillen Jägereyen am 7^n u[nd] 8^n in der Gegend von Lassee, ganz unbedeutend.

10[ns]) die Recognoscirung bey Marchek am 9^n July.

11[ns]) Blankereyen über der March am 11^n u[nd] end[lich]

12[ns]) die Affaire bey Stampfen am 12^n

Alle diese, ausgenommen No. 3, 7 u[nd] 8 betrafen nur die Avant Garde, die überhaupt weit mehr als die anderen Truppen fatiquirt worden, und in der wieder unser Regiment am wenigsten begünstigt war /: so haben wir z[um] B[eispiel] hier 2. Monat lang täg[lich] 1 Offic[ier] u[nd] 45 Pf[erde] Feldwacht gegeben wogegen die Husaren nur 1 Corp[oral] u[nd] 13 M[ann], Albert aber gar nichts gab, jezt hat sichs geändert u[nd] der Dienst geht egal :/ bis dato besteht der ganze Verlust des Reg[imentes] in

4 Drag[oner]	38 Pf[erde]	so vor dem Feind geblieben
5 ″	12 ″	so noch vermißt sind
10 ″	– ″	gestorben
– ″	42 ″	crepirt

---

[12] Gefecht vom 27.05.1809

[13] Überfall vom 01.06.1809

2	''	1	''	desertirt
1	''	–	''	weggejagt

22 M[ann]   93 Pf[erde]   wo von leztern jedoch 13 Stück durch Remonte oder Beutepferde ersetzt sind.

Unser Verlust ist also wie du siehst gar nicht so bedeutend, in der Cavallerie wird er ziemlich durchaus gleiches Verhältniß haben doch können die andere Regimenter ausser Albert vielleicht etwas mehr verloren haben, stärker aber ist er in der Infanterie, wo noch immer viele Kranke sterben. Auch wir haben noch 96 Kranke.

⟪20⟫ Man vergleiche mit unserm Verlust den der Franzosen u[nd] Bayern, jener Gefechte u[nd] unsrer u[nd] man wird bald sehen, daß wir gewiß nicht exponirt waren. Es ist wahr daß wir bey Wagram das Centrum forcirt haben, allein fast zweifle ich daß dies in N[apoleons] Disposition war, denn sonst wäre dieser Glücksfall mehr unterstützt worden, u[nd] die Bataille wäre schon am 5^n u[nd] mit weit intressantern Resultaten für uns decidirt gewesen.

Zu diesem Urteil berechtigen mich teils eigne Bemerkungen die ich nach unserer recessirten Attaque machte, teils die Erzälungen östreich[ischer] Officiers, denn nur vor wenig Tagen erzählte hier ein Offic[ier] vom Generalstab des Erzherzog Carl, daß unsere Grenadiers bis ins östreich[ische] Lager hinter Wagram eingedrungen waren, dort die Confusion ausserordent[lich] gewesen und 4. den Erzherzog Carl bereits in der Mitte gehabt, der auch dabey leicht blessirt worden ist; die Aufstellung des Klenauschen Corps bey Stammensdorf beweist auch hinläng[lich] daß die Ostreich[ern] schon diesen Abend an den Rückzug dachten, meines Erachtens sollte links von Wagram mehr vorgedrungen werden, ich glaube auch daß dies der Prinz von Ponte Corvo vorsah, allein man sagt daß eine Discrepance zwischen ihm u[nd] Berthier Ursache sey, daß ihm nicht mehr Truppen dorthin zur Unterstützung geschickt worden. Ich habe mich wohl ein wenig sehr im Feld der Vermuthungen u[nd] Kannegiesserey verloren, wünsche daß dies dich zu sehr amüsirt, u[nd] will nun auch gleich abbrechen, u[nd] für heute die Epistel schließen, vielleicht daß sich morgen etwas Intressanteres findet das ich dir mitteilen kann.

《21》 Napoleon ist in Brünn gewesen[14], /: neulich war er in Raab u[nd] auch en passant hier :/ Reynier gieng nach Angern wo N[apoleon] Revue hielt über eine Reihe franz[ösichen] Truppen; seit R[eyniers] Rückkunft werden hier Schanzen angelegt, u[nd] wir erwarten Napoleon täglich selbst hier um Revue über uns zu halten.

Auch hatten wir diese Woche so eine kleine Bataille entre nous; nähm[lich] zwischen den Franzosen u[nd] unsern Leuten – wahrschein[lich] stammte die erste Veranlassung aus einem Weinhause her denn unsere Leute sorgten ämsig dafür daß sie keine Schatze mit nach Hause bringen; nach und nach aber extendirte sich die Schlägerung weiter u[nd] etwa 2[00] bis 300 Mann von beyden Teilen hieben sich 2-mal auf öffent[lichen] Plätzen tüchtig herum, wobey es mehrere Blessirte gab; seitdem geben wir alle Abende starke Cavallerie Patrouillen, die denn die wohlthätigen Folgen haben daß es jezt mäuschenstille auf den Straßen ist, statt daß sonst immer Teufelslärm u[nd] Spectakel war.

---

[14] seitliche Anmerkung: „den 23n"

Vorher gabs ein anderes Spectacle. Gutschmidt hatte einen franz[ösischen] Offic[iers] nahmens Lasalle zu sich genommen, der ein ganz roher ungebildeter Mensch war, seinen Bouffon[15] machte, u[nd] eigent[lich] zu gar nichts nutzte; dieser hatte sich einiger Handlungen schuldig gemacht die die Würde des Officiers entweihen, zwar hatte er sich mit einem unserer Officiers geschlagen, allein es entdeckte sich immer mehr u[nd] mehr so daß man genöthigt war ihn aus den Gesellschaften der Officiers auszuschließen, u[nd] Gutschmidt, ihn zu entlassen.

Der Himmel weiß war es Frechheit, oder hatte er Protection gehofft, kurz er kam ins Theater; auf einmal hieß es sächß[ische] Officiers heraus, u[nd] so gieng alles aus dem Schauspiel vom General bis zum Fähndrich. Es ward hierauf den folgenden 《22》 Tag eine Deputation an Gen[eral] Zezschwitz geschickt u[nd] mit Reynier communicirt, worauf denn H[err] Lasalle fort muste. Die hiesige franz[ösische] Officiers die auch informirt wurden nahmen sich seiner nicht an, sondern es wies sich nun aus daß Lasalle eigent[lich] gar nicht Capitain sey. Vorzüg[lich] gut benimmt sich der Oberst Gressot Chef d'Etat-major bey Reynier, der von uns sehr geschätzt wird.

Reynier selbst ist ein sehr verschloßner /: gewiß aber kluger Mann :/ den wir wohl nicht kennen lernen werden. Man sagt heut der König würde nach Warschau [gehen], würde die ganzen sächß[ischen] Truppen mit dahin nehmen etc. – das sind für uns keine erfreu[lichen] Nachrichten. Petrikowsky soll ja Gouverneur von Koenigstein werden. Klitzing hat sich vorgestern um den Abschied

---

15 frz. für Kasper, Narr

gemeldet – so geht einer nach dem andern fort, u[nd] der Ersatz mangelt in jeder Art, wir haben so wenige Officiers hier dass wir pr. Esc[adron] nicht mehr als 5 u[nd] 6 Off[iciers] incl[usive] der Stabs-Offic[iers] haben.

Diesen Feldzug mache ich noch mit u[nd] sollte es auch bis in die Türkey gehn, allein dann bewerbe ich mich, u[nd] du must mir zu einer Visitator- oder Thorschreiberstelle behülflich seyn; vielleicht wird P. unterdessen traitabler.

Daß wegen der H. ihrer Pension jezt nichts resolvirt wird, wundert mich gar nicht, leider trifft auch sie durch diesen Krieg viel Malheur.

Deiner Frau danke ich herzlich für ihr Andenken, u[nd] versichere ihr dagegen daß ich mich ihrer gewiß recht oft erinnere u[nd] mich oft recht sehnte, ihr dies durch einen Kuß bekräftigen zu können – mahle du mich immer Schwarz, die fürchtet sich doch nicht für mir u[nd] bleibt doch mein gutes Mütterchen.

Da mein Brief heut noch nicht abgeht so reservire ich noch eine 《23》 Seite, falls noch etwas zu rapportiren wäre. Helbigen gieb den beyliegenden Brief u[nd] teilt Euch den Innhalt mit, eigentlich aber habe ich beyden nichts Interessantes schreiben können.

Allen Asspecten nach möchte wohl heute u[nd] morgen, u[nd] vielleicht noch manchen andern Tag, noch alles im bisherigen Gleise bleiben, höchstens ein paar neue Lügen in Umlauf kommen; ich will also die Epistel schließen u[nd] Amen sagen – das heißt: lebe wohl. Schreibe mir hübsch bald wieder, u[nd] behalte lieb

Deinen

alten wahren Freund

Rt.

Alleweile erfahre ich daß du Chef der Dresdner National Garde[16] geworden bist, wozu ich von ganzen Herzen gratulire.

À propos! Es ist von mir ein Memorial an den König um eine Vergütung wegen des Verlusts meiner Equipage u[nd] Pferde eingegeben worden; könntest du etwa etwas von seinem Schiksal erfahren, ob ich etwas erhalten werde, oder ob es der Vergessenheit übergeben wird – 78 rtl. Löhnungsgelder müssen sie mir doch ersetzen – ich Schafskopf verliere noch ausserdem et[lich] 50 rtl. Überschußgelder vom Commando her, die ich, da mir die Rechnungen weit verloren gegangen nun auch ersetzen muß, da ich sie wenn ich eher zusammengerechnet hätte auch mit hätte ansetzen können.

☽ ✳ ☾

---

16 Bonniot wurde Kommandant der National-Bürger-Garde mit Patent vom 06.09.1809

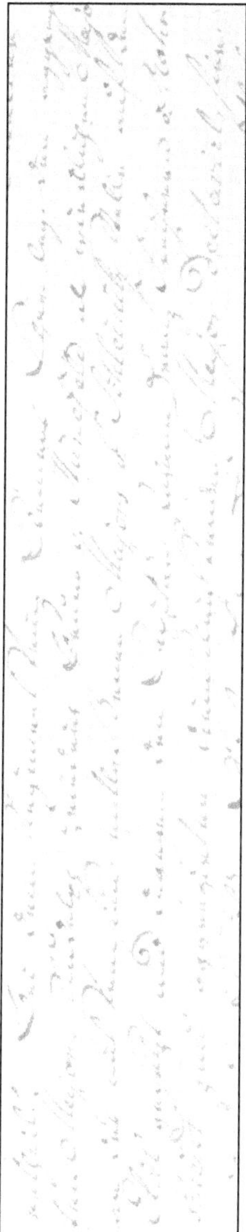

Abb. 03   Auszug aus der AHO vom 27.06.1809 mit der Ernennung des Capitains Freiherrn von Rohrscheidt zum aggregierten dienstleistenden Major im Regiment Prinz Clemens Chevauxlegers

Im Text genannte sächsische Offiziere

(Name, Vorname / Dienstgrad Patent vom / Einheit / Seite Erwähnung)

Bärenstein, Reinhold von / Sousleutnant 24.04.1805 / Prinz Clemens Chev:leg: / 15, 28, 34

Baumann, Gustav Adolph von / Premierleutnant 10.03.1807 / Prinz Clemens Chev:leg: / 28, 34

Bonniot, Johann Carl Ludwig / Capitain 06.09.1809 / National Bürger Garde zu Dresden

Engel, Carl Joachim Friedrich von[17] / Oberst 25.08.1809 / Regiment Husaren / 22, 28

Gecka, Carl Friedrich von / char. Capitain 03.03.1809 / Prinz Clemens Chev:leg: / 28

Granges, Carl Siegismund des / Sousleutnant 16.03.1809 / Prinz Clemens Chev:leg: / 21, 22, 23

Großmann, Wilhelm Ulrich von / Capitain 10.03.1807 / Prinz Clemens Chev:leg: / 28

Gutschmidt, Christoph Siegmund Freiherr von / Generalmajor 05.04.1809 / Kommandant des Regiments Husaren / 17, 18, 42

Hardenberg, Hanns Peter Wilhelm von / Sousleutnant 11.02.1808 / 15, 28

Helbig, Carl Gotthelf von[18] / Capitain 08.01.1807 / Prinz Albrecht Chev:leg: / 16, 17, 34

---

[17] stand vorher als Oberstleutnant (Patent vom 17.02.1808) beim Regiment Prinz Johann Chev:leg:

[18] die S/R-Liste von 1809 weist 2 Offiziere mit dem Namen Helbig aus. Der 2te ist der Sousleutnant (Patent 02.09.1806) Carl Rudolph von H., daher ist der aufgeführte Capitain v.H. wohl am wahrscheinlichsten. Da kein Vorname genannt ist, kann dies nicht als bewiesen angesehen werden.

Hühnefeld, Rudolph Friedrich Bruno von / aggr. Major 22.05.1802 / Prinz Clemens Chev:leg: / 28

(Heydte) **Heyde**, Friedrich Wilhelm von der / Capitain 21.05.1802 / Prinz Clemens Chev:leg: / 13, 14, 15

Kleist, Leopold von / Oberst 15.03.1809 / Prinz Johann Chev:leg: / 28

Klitzing, Carl August Moritz von / Premierleutnant[19] 29.08.1806 / 14, 42

Köckritz, August Heinrich von / Capitain 23.01.1805 / 28

Lindemann, Friedrich Carl Adolph von / Stabscapitain 26.02.1808 / Prinz Johann Chev:leg: / 28

Lindenau, Adam Friedrich August von / Rittmeister 13.07.1805 / Regiment Husaren / 28

Mandelsloh, Gustav Friedrich von / Fähndrich 16.10.1807 / Regiment König Infanterie / 28, 29

Naundorf, Ernst Heinrich von / Sousleutnant 28.10.1802 / 15

Oertzen, Friedrich George Hennig von / Sousleutnant 25.11.1801 / 15, 21, 28, 34

Petrikowsky; 1) Johann Friedrich von / Capitain 08.10.1806 / Regiment Prinz Anton oder 2) Friedrich Theodor von / Capitain 18.11.1801[20] / 42

Pflugk, Friedrich August / Premierleutnant 27.05.1807 / Prinz Clemens Chev: eg: / 28, 34

Roeder, Friedrich Wilhelm Heinrich von / Premierleutnant und Adjutant 26.11.1801 / Prinz Clemens Chev: leg: / 28

Schultz, Johann Gottlob von / Premierleutnant und Adjutant 15.02.1807 / Prinz Johann Chev:leg: / 28

---

[19] Eintrag S/R-Liste 1810: *„… der char. Cap. v.Klitzing ward entlassen"*, Datum der Charakterisierung ist nicht bekannt.

[20] Major mit Patent vom 28.09.1809

Tannhoff, Johann Friedrich Heinrich Budich von / Premierleutnant und Adjutant 18.08.1809 / 28

Watzdorf, Carl Anton Jacob von / Premierleutnant 04.05.1809 / Prinz Johann Chev:leg: / 28

Weißenbach, Herrmann Otto von / Premierleutnant 10.03.1808 / Prinz Johann Chev:leg: / 28

Wiedebach, Adam Maximilian Ehrenreich von[21] / Sousleutnant 06.03.1805 / Prinz Johann Chev:leg: / 28

(Winckler) **Winkler**, Johann Ernst von / char. Capitain 04.05.1809 / Prinz Johann Chev:leg: / 28

Zezschwitz, Joachim Friedrich Gotthelf von / Generalleutnant 15.08.1800/ kommandierender Generalleutnant / 30

Zezschwitz, Wilhelm Heinrich von / Stabscapitain und General Inspektions Adjutant 03.10.1807 / 42

Ziegler und Klipphausen, Adolph Gottlob Ehrenreich August von / Stabscapitain 09.03.1808 / Prinz Johann Chev:leg: / 28

---

[21] Richter weist W. fälschlicherweise als beim Regiment Prinz Albrecht stehend aus.

Quellen

Hautstaatsarchiv Dresden
Bestand 11372 Militärgeschichtliche Sammlung Nr. 16

Geschichte und gegenwärtiger Zustand der Kursächsischen Armee, Vierter Teil, Dresden 1788
Fünfter Teil, Dresden 1789
Neunter Teil, Dresden 1793

Richter - Der Königlich Sächsische Militär St.Heinrichs-Orden - Frankfurt a.M. 1964

Saint-Maurice - Die Feldzüge in Teutschland seit dem Frieden von Amiens bis zum Frieden von Wien. 4., Feldzug von 1809 - Darmstadt 1831

Stamm- und Rangliste der Chur-Sächsischen Armee auf das Jahr 1806, Dresden 1806

Stamm- und Rangliste der Kön: Sächsischen Armee auf das Jahr 1808, Dresden 1808
1809, Dresden 1809
1810, Dresden 1810

Tyroff - Wappenbuch der königlichen, großherzoglichen und herzoglich sächsischen Staaten / II.Band - Nürnberg 1852

———

Bei BOD sind in dieser Reihe an Berichten und Tagebüchern bisher u.a. erschienen: